Nome:

# UNISCI 14 PUNTINI

# UNISCI 20 PUNTINI

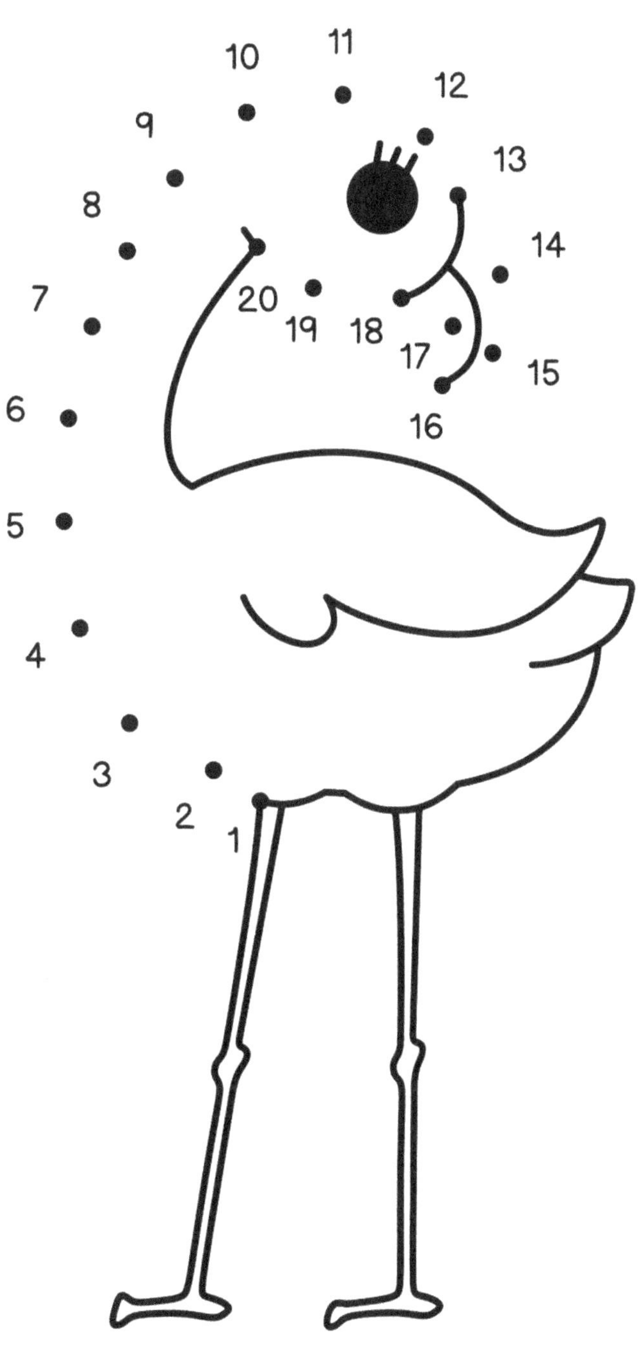

# UNISCI 20 PUNTINI

1
2
3
4
5
6
7
8
9
10
11
12
13
14
15
16
17
18
19
20

 # UNISCI 20 PUNTINI 

# UNISCI 27 PUNTINI

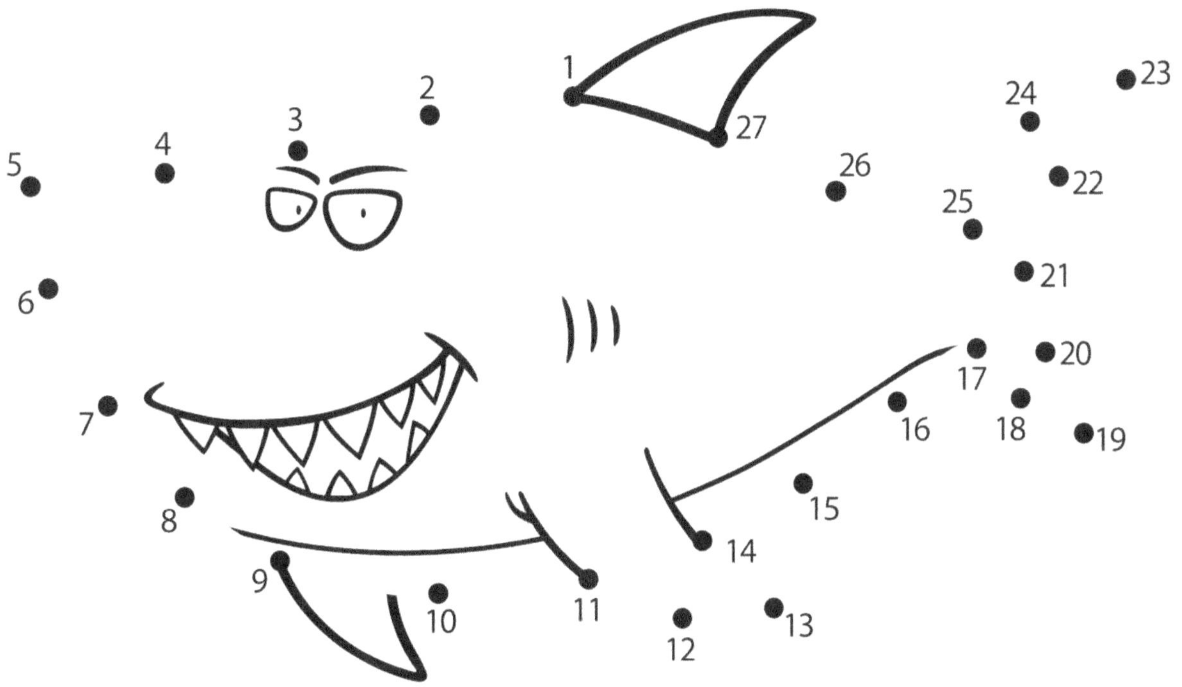

UNISCI 27 PUNTINI

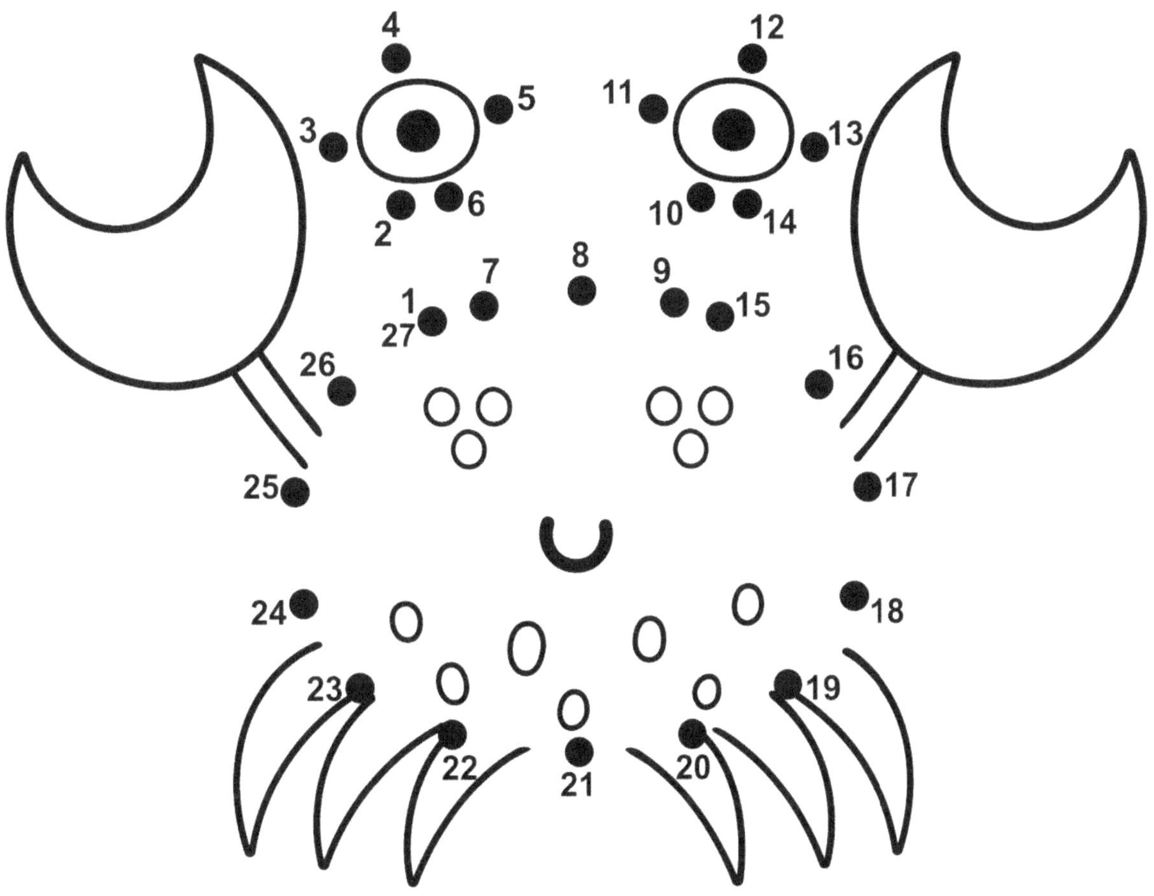

 # UNISCI 22 PUNTINI 

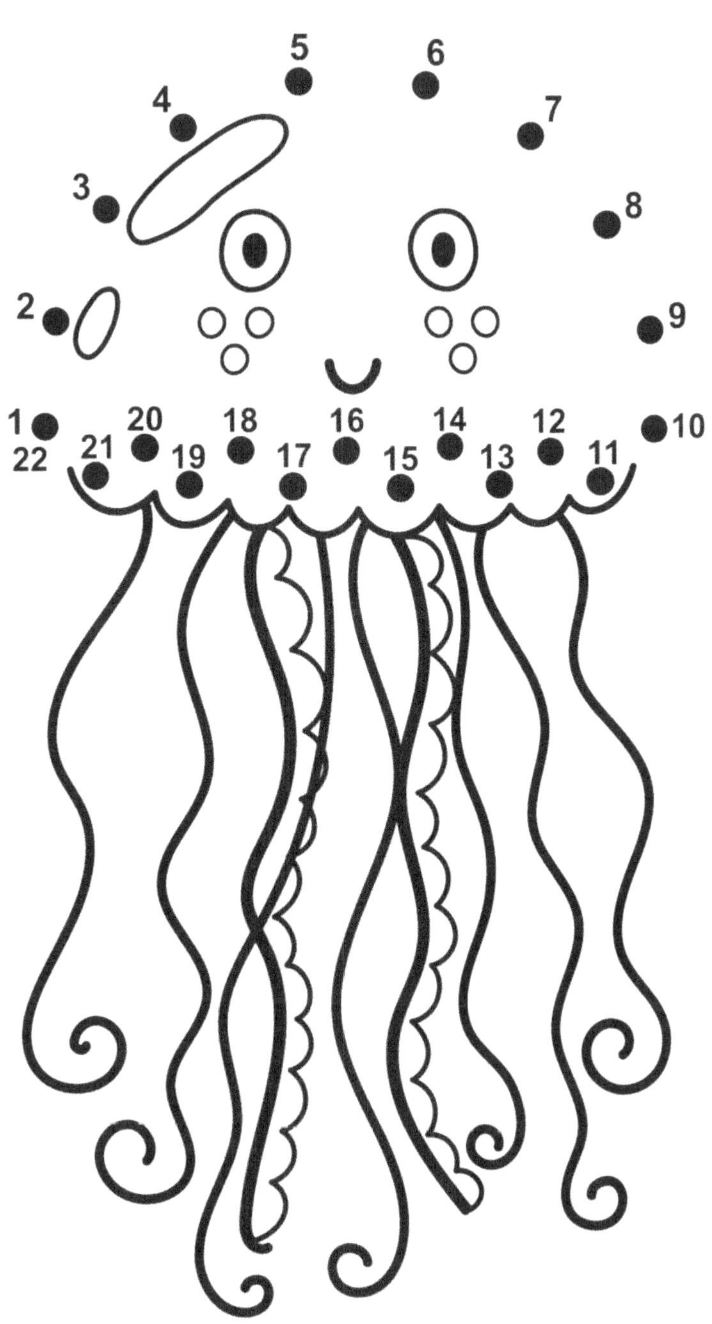

 # UNISCI 26 PUNTINI 

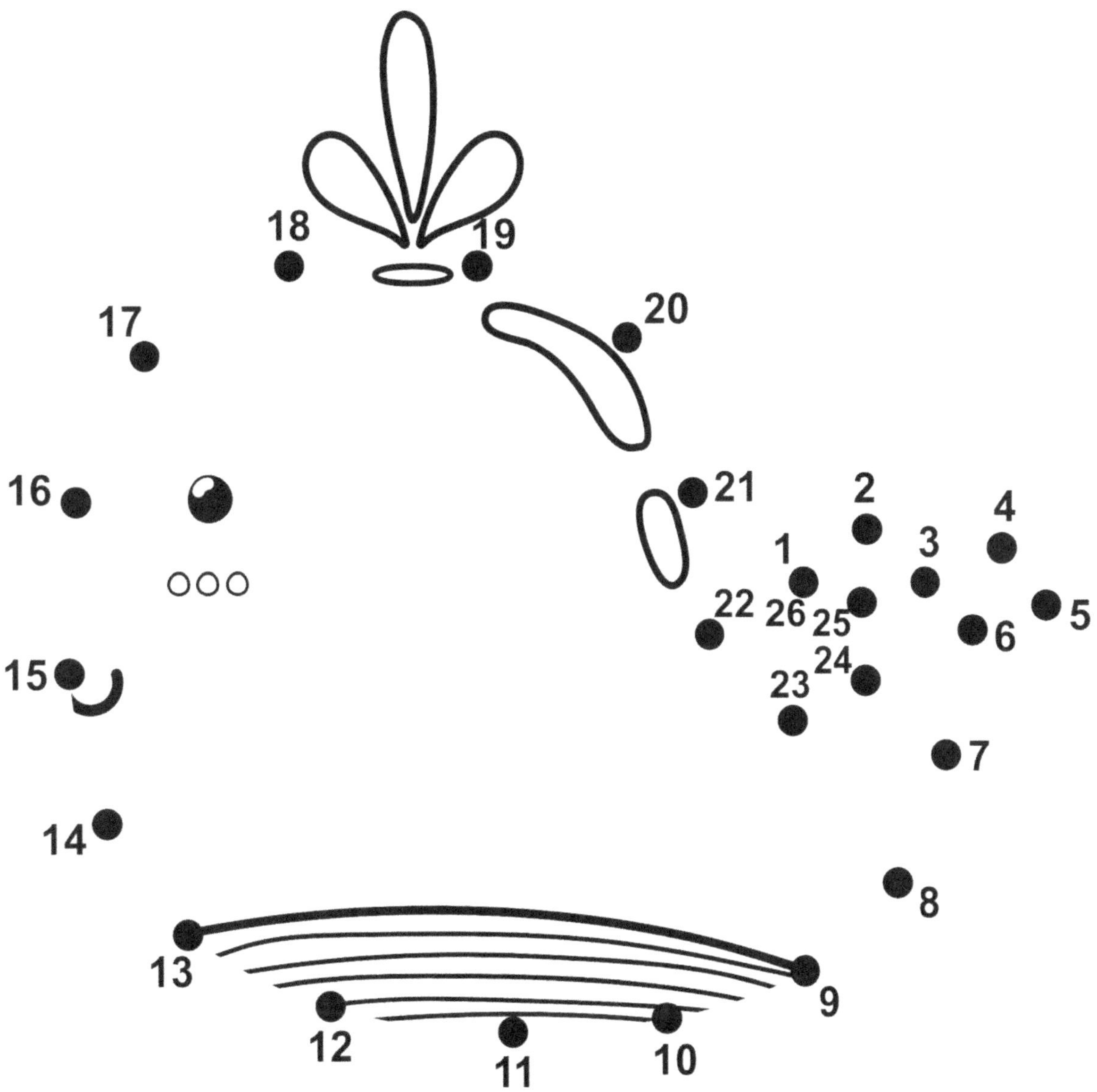

# UNISCI 30 PUNTINI

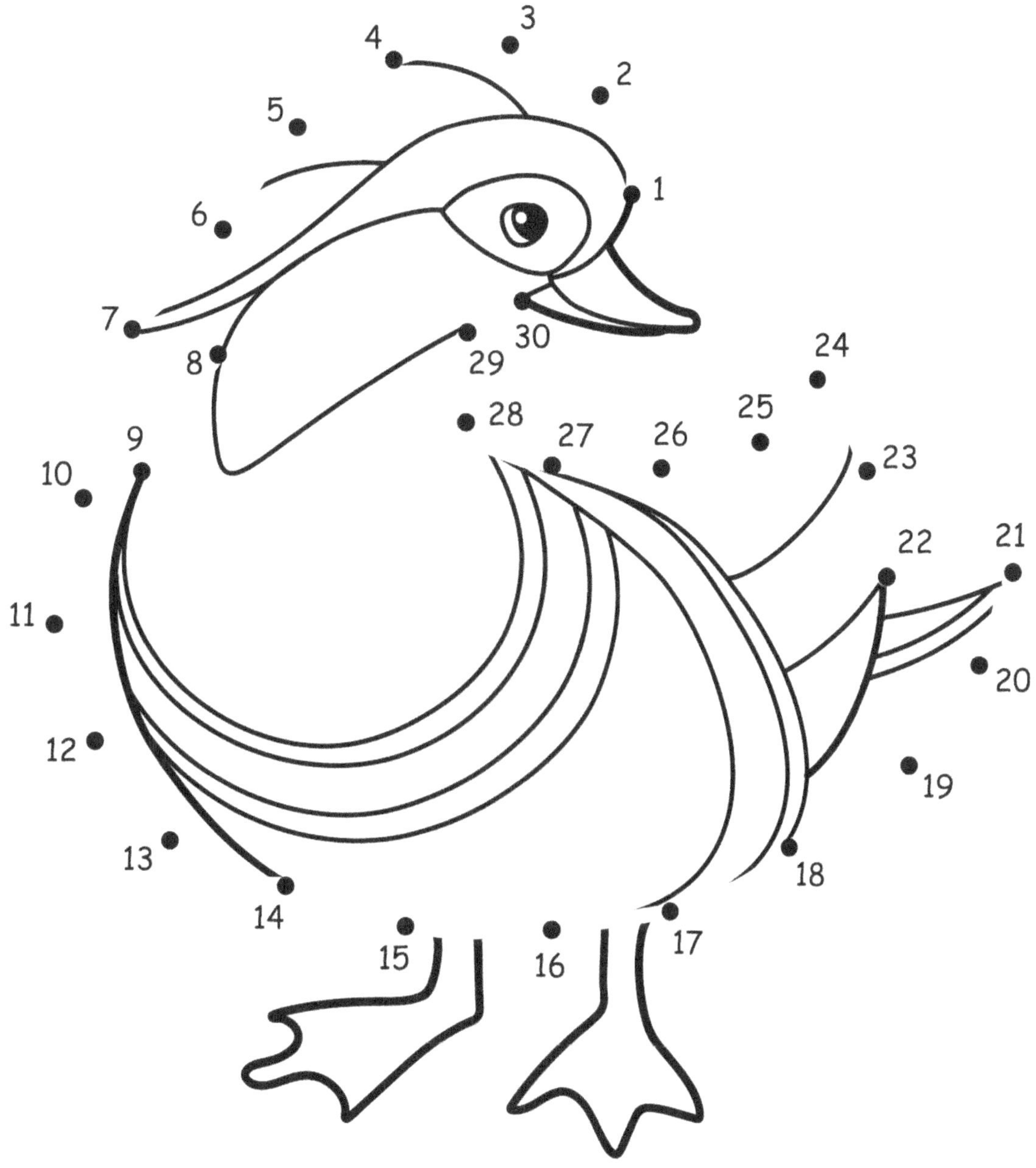

 # UNISCI 30 PUNTINI 

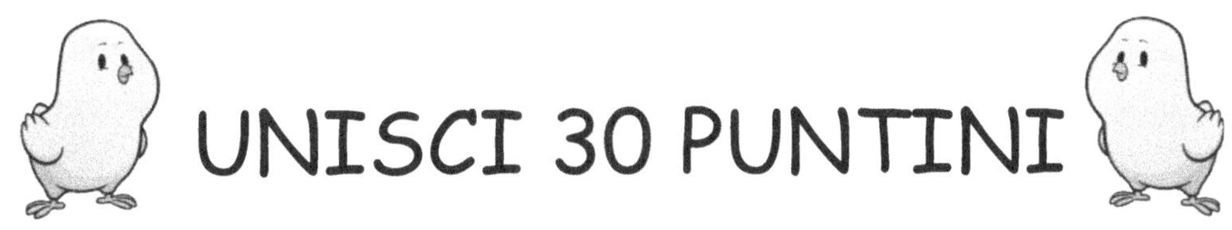

UNISCI 30 PUNTINI

# UNISCI 30 PUNTINI

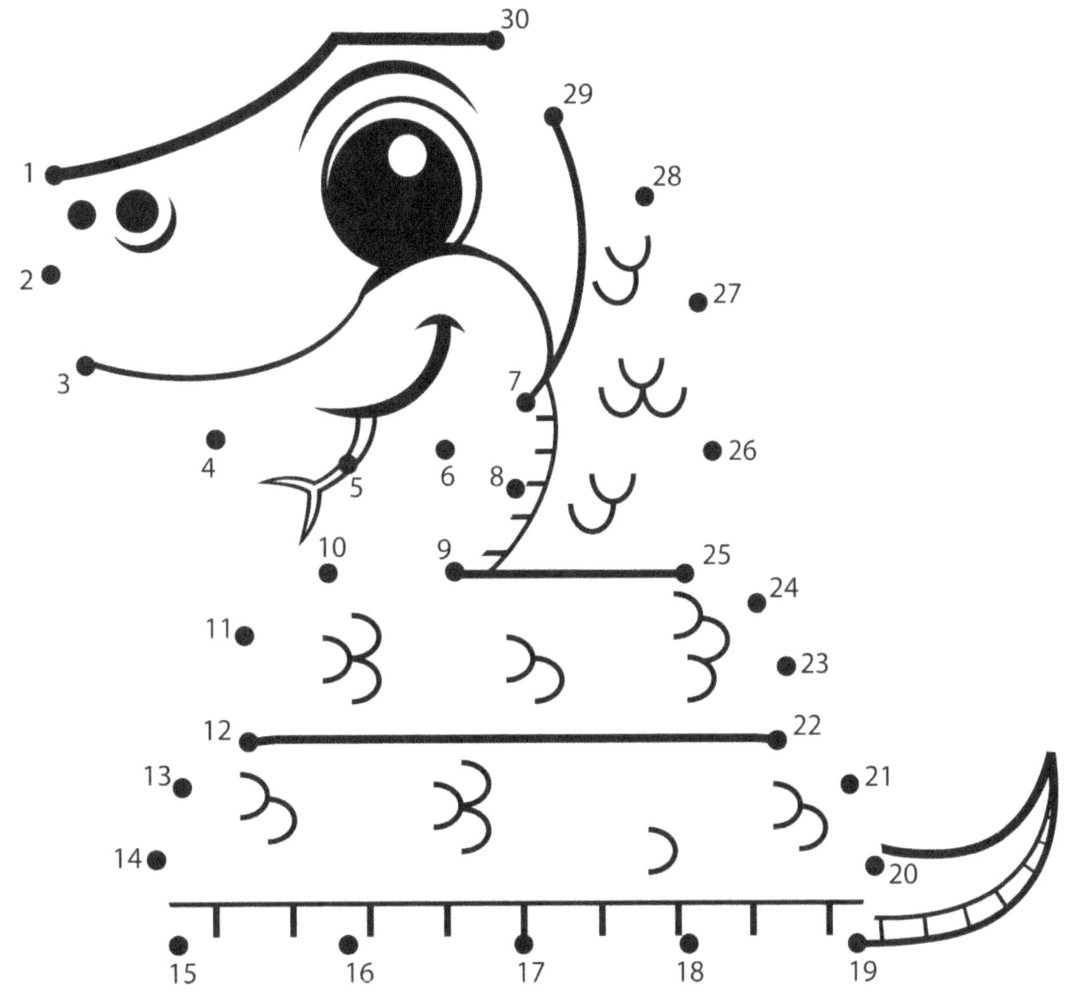

# UNISCI 30 PUNTINI

 # UNISCI 30 PUNTINI 

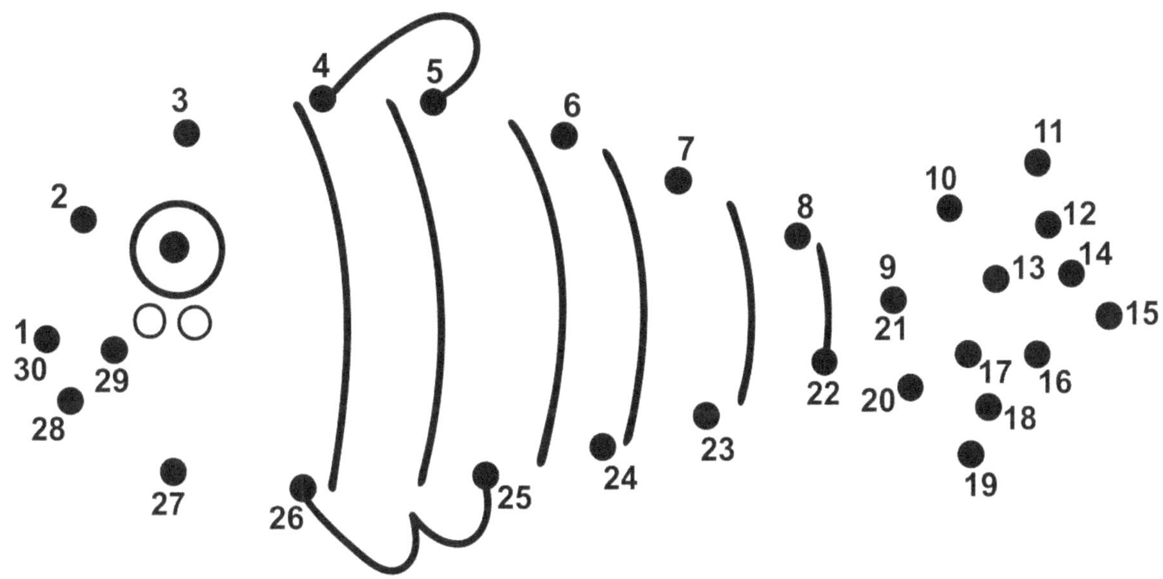

 # UNISCI 30 PUNTINI 

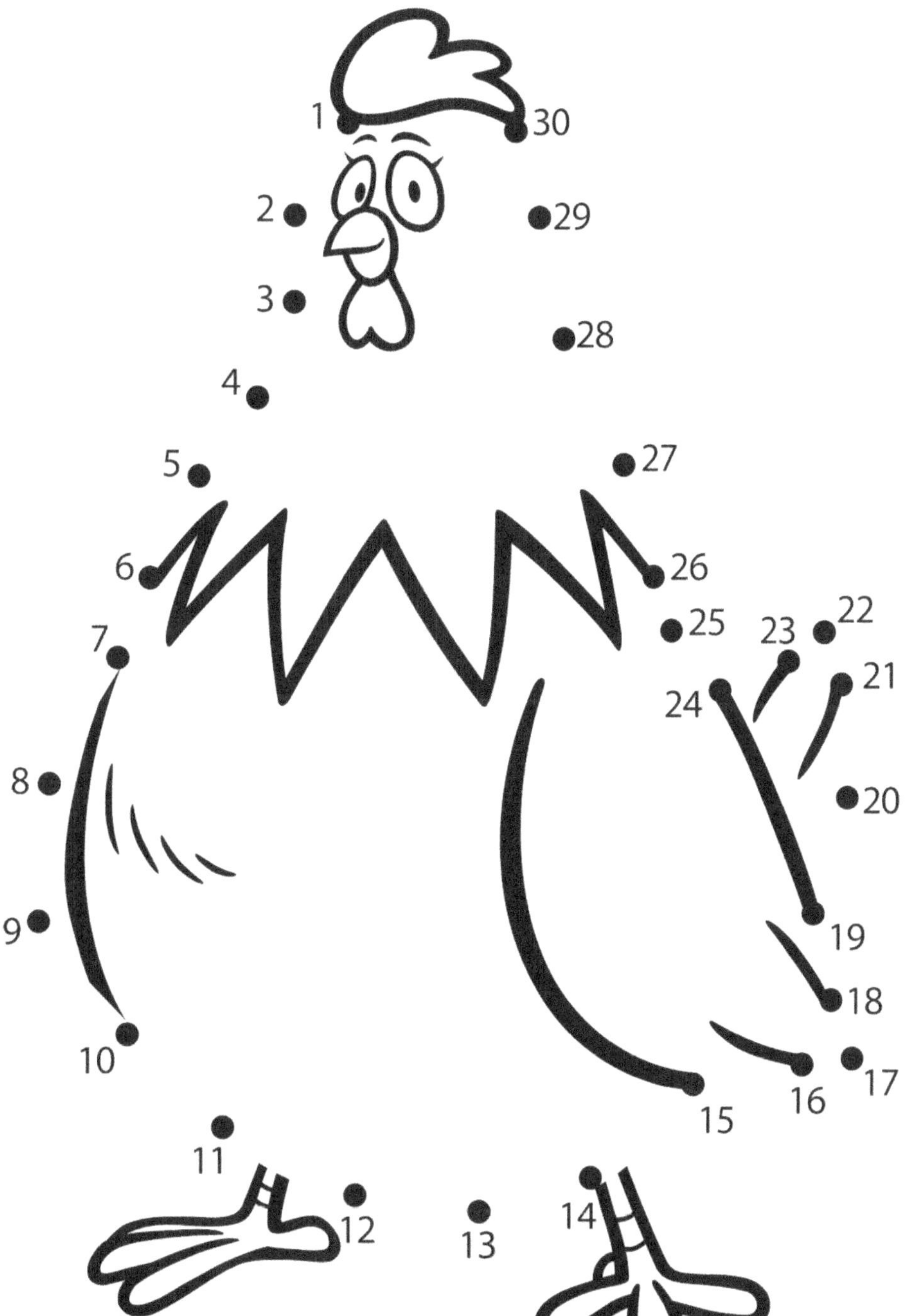

# UNISCI 33 PUNTINI

# UNISCI 35 PUNTINI

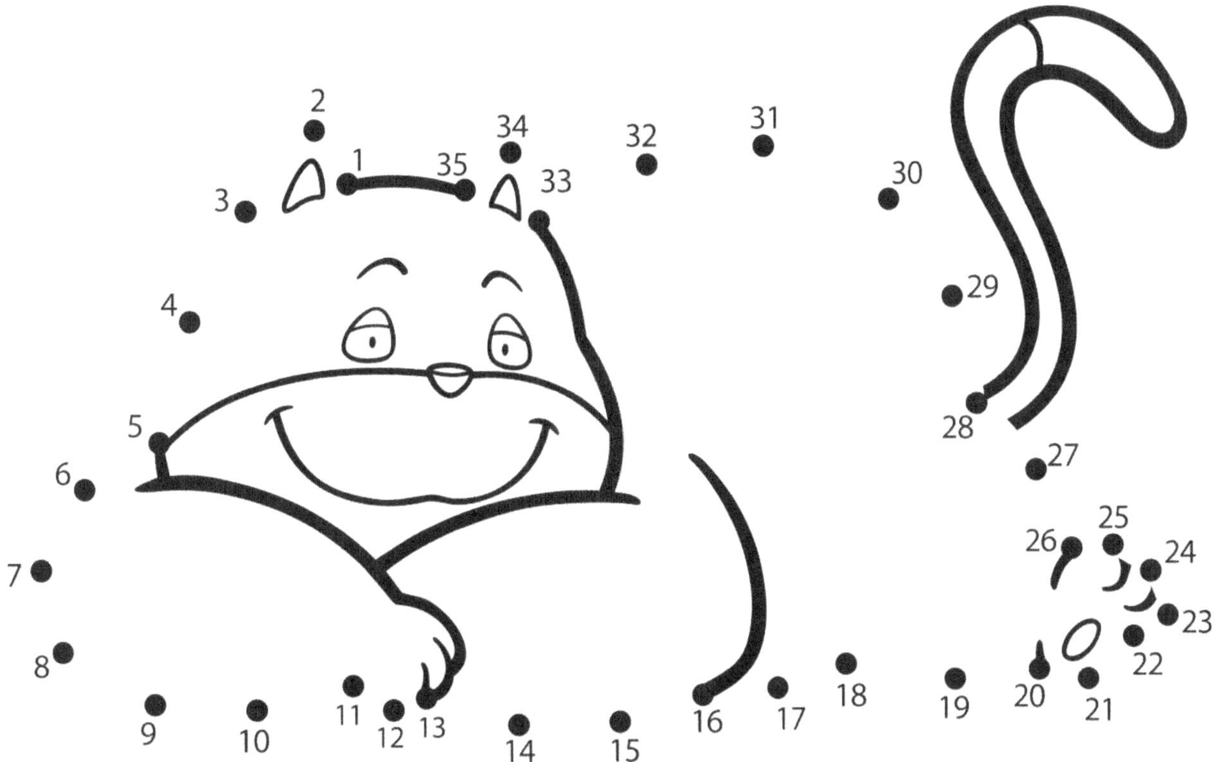

# UNISCI 37 PUNTINI

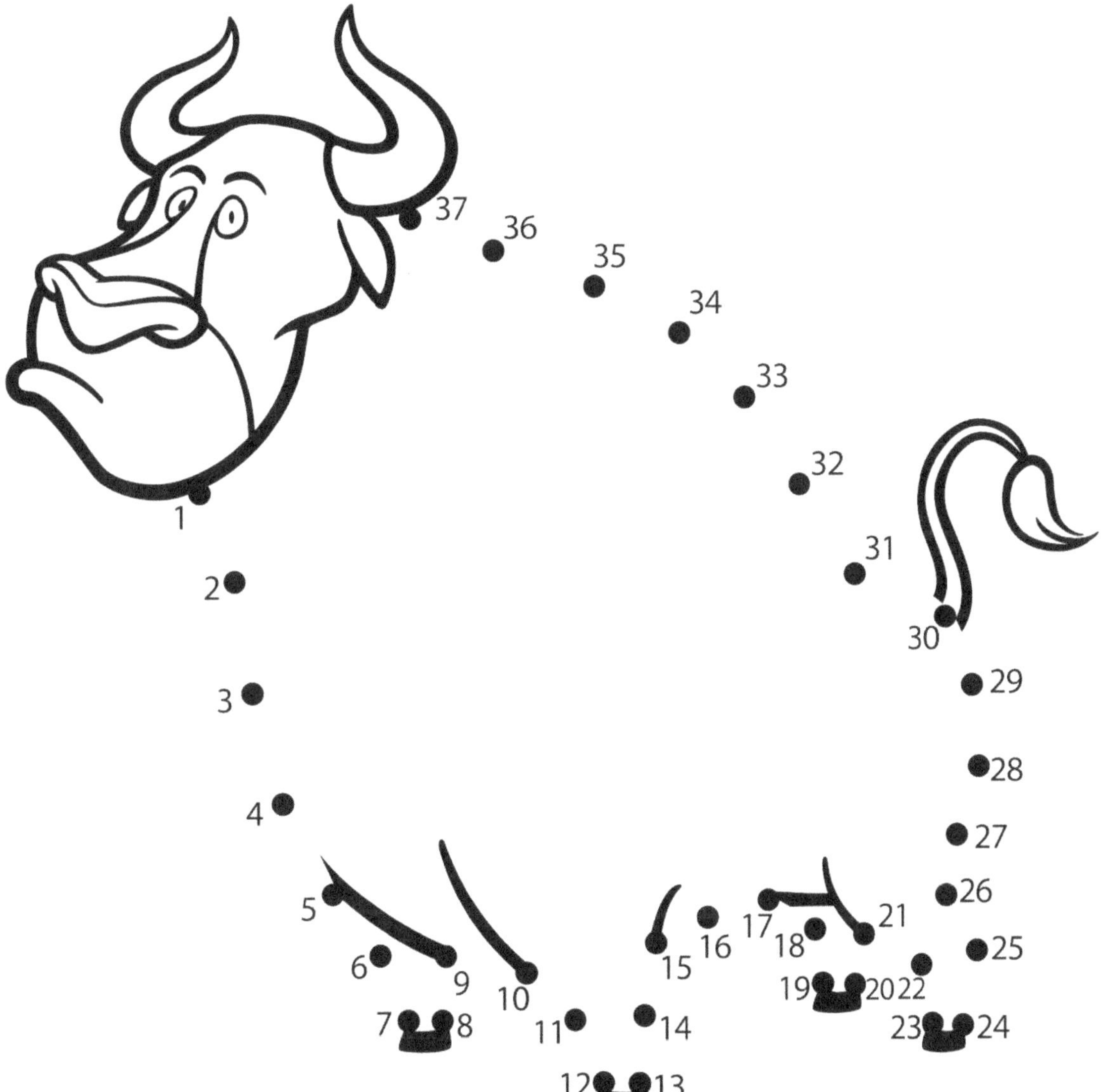

# UNISCI 38 PUNTINI

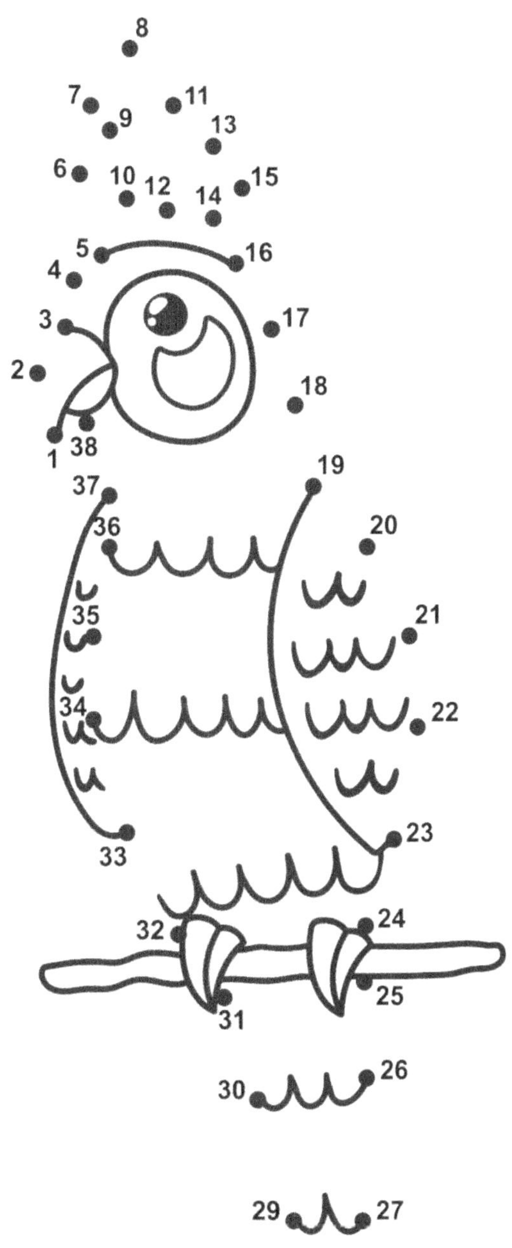

# UNISCI 39 PUNTINI

 # UNISCI 40 PUNTINI 

 # UNISCI 40 PUNTINI 

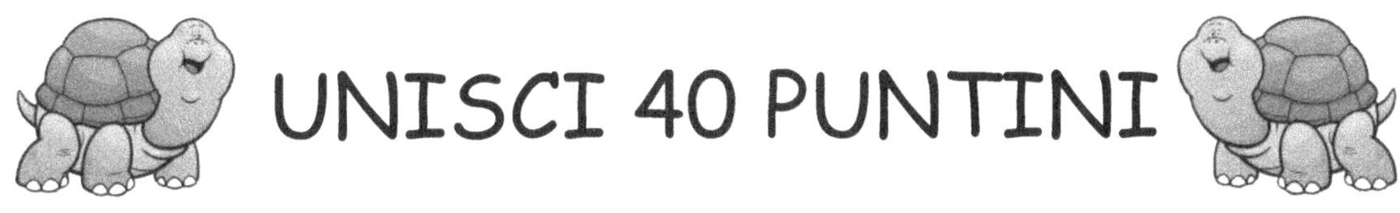

UNISCI 40 PUNTINI


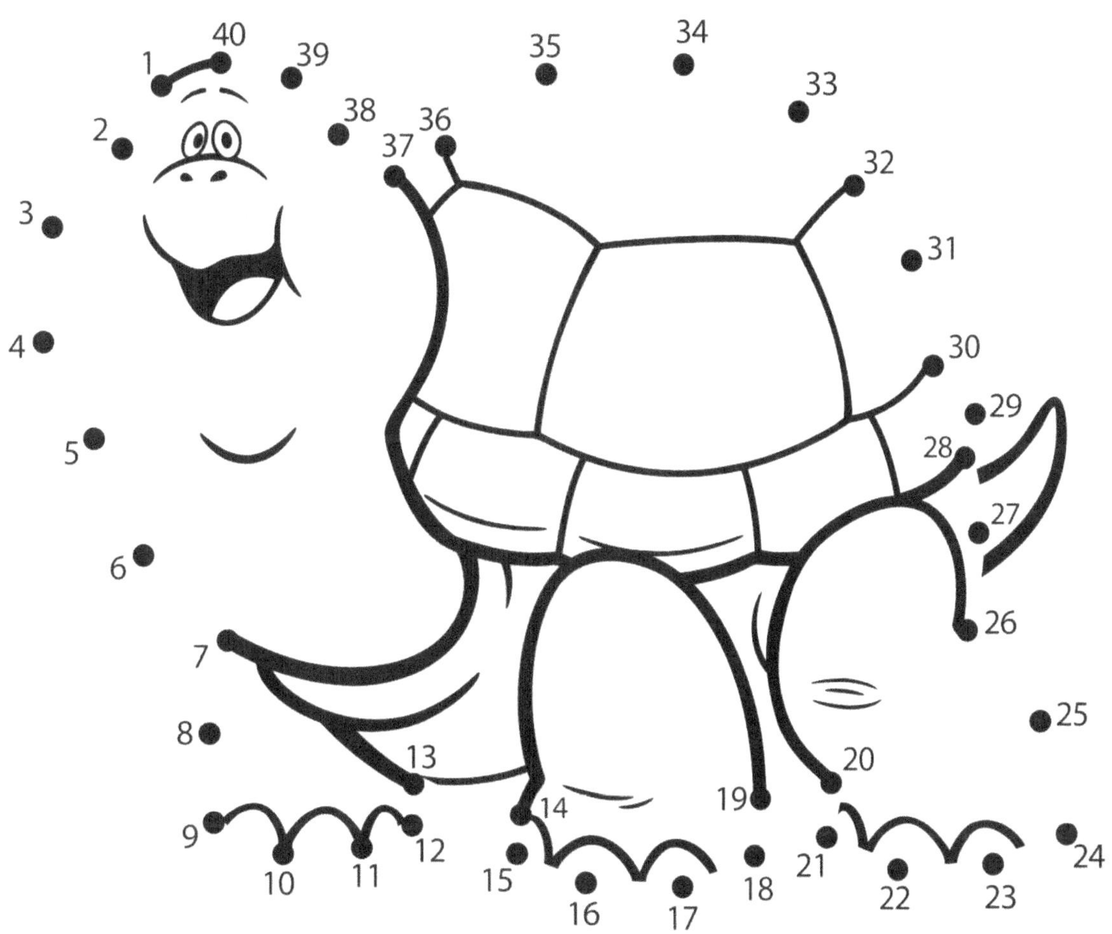

1
40
39
2
38
37 36
35
34
33
32
3
31
4
30
29
5
28
27
6
26
7
25
8
13
20
9
14
19
12
24
10 11
15
21
18
16 17
22 23

 # UNISCI 40 PUNTINI 

 # UNISCI 41 PUNTINI 

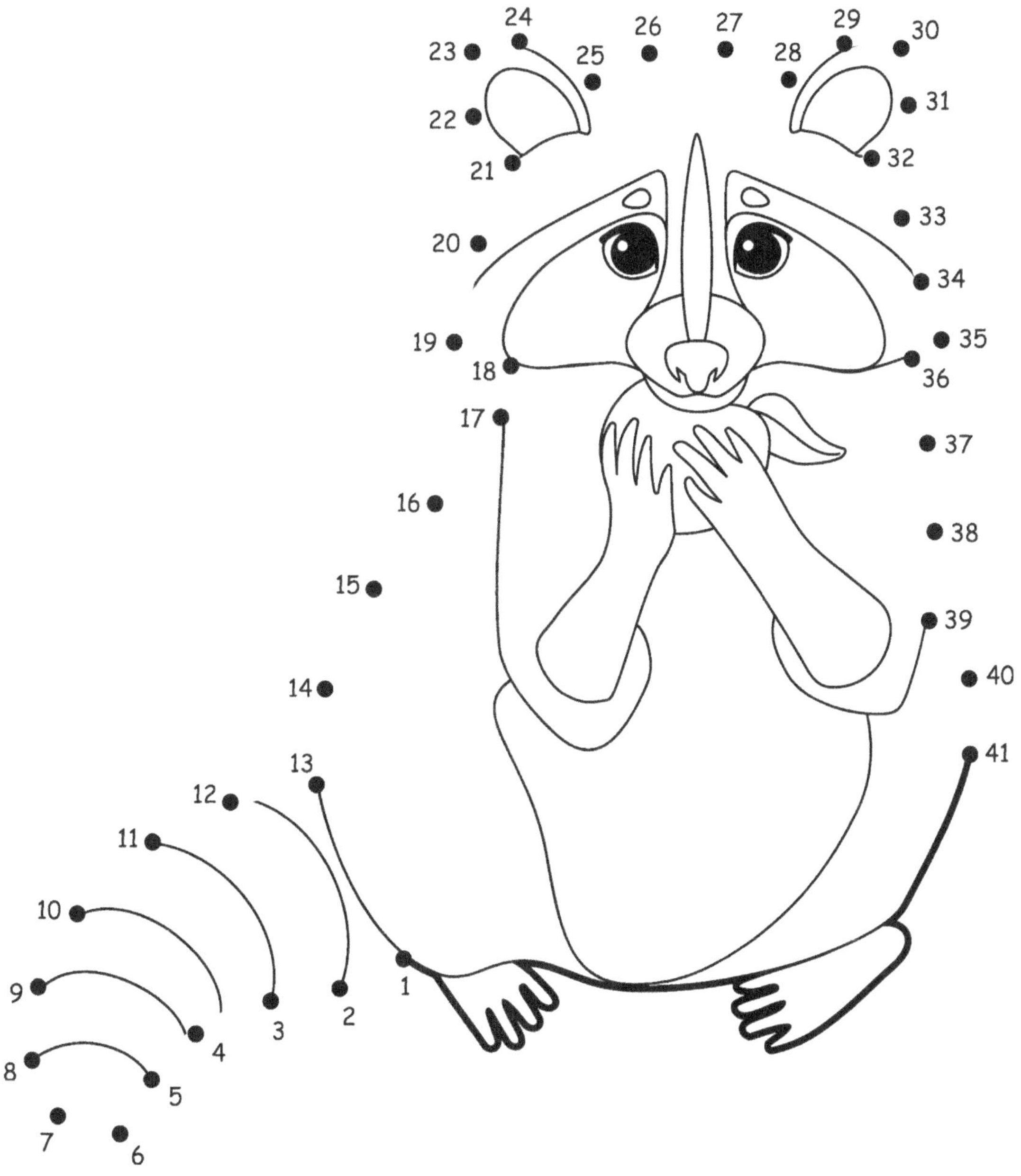

# UNISCI 43 PUNTINI

UNISCI 45 PUNTINI

# UNISCI 47 PUNTINI

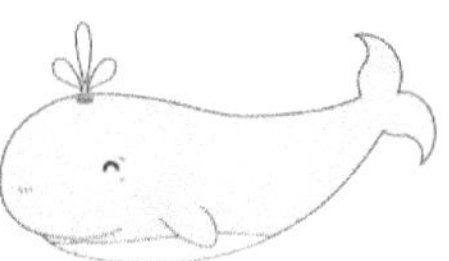

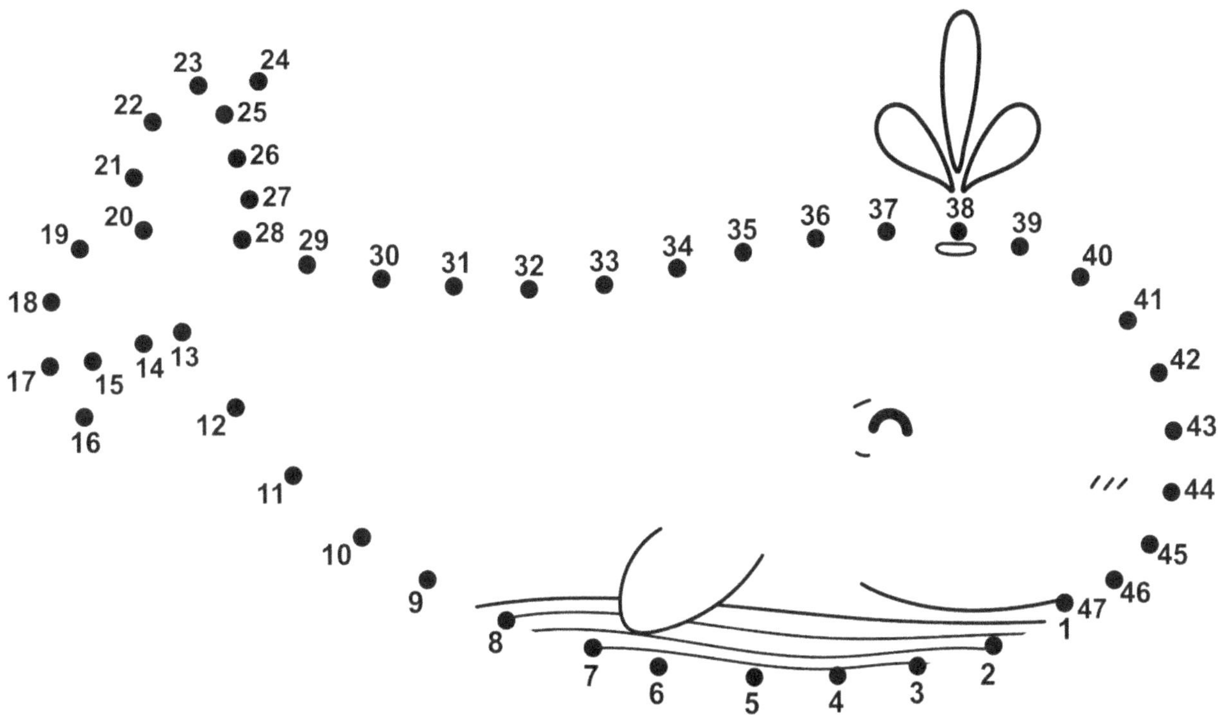

# UNISCI 48 PUNTINI

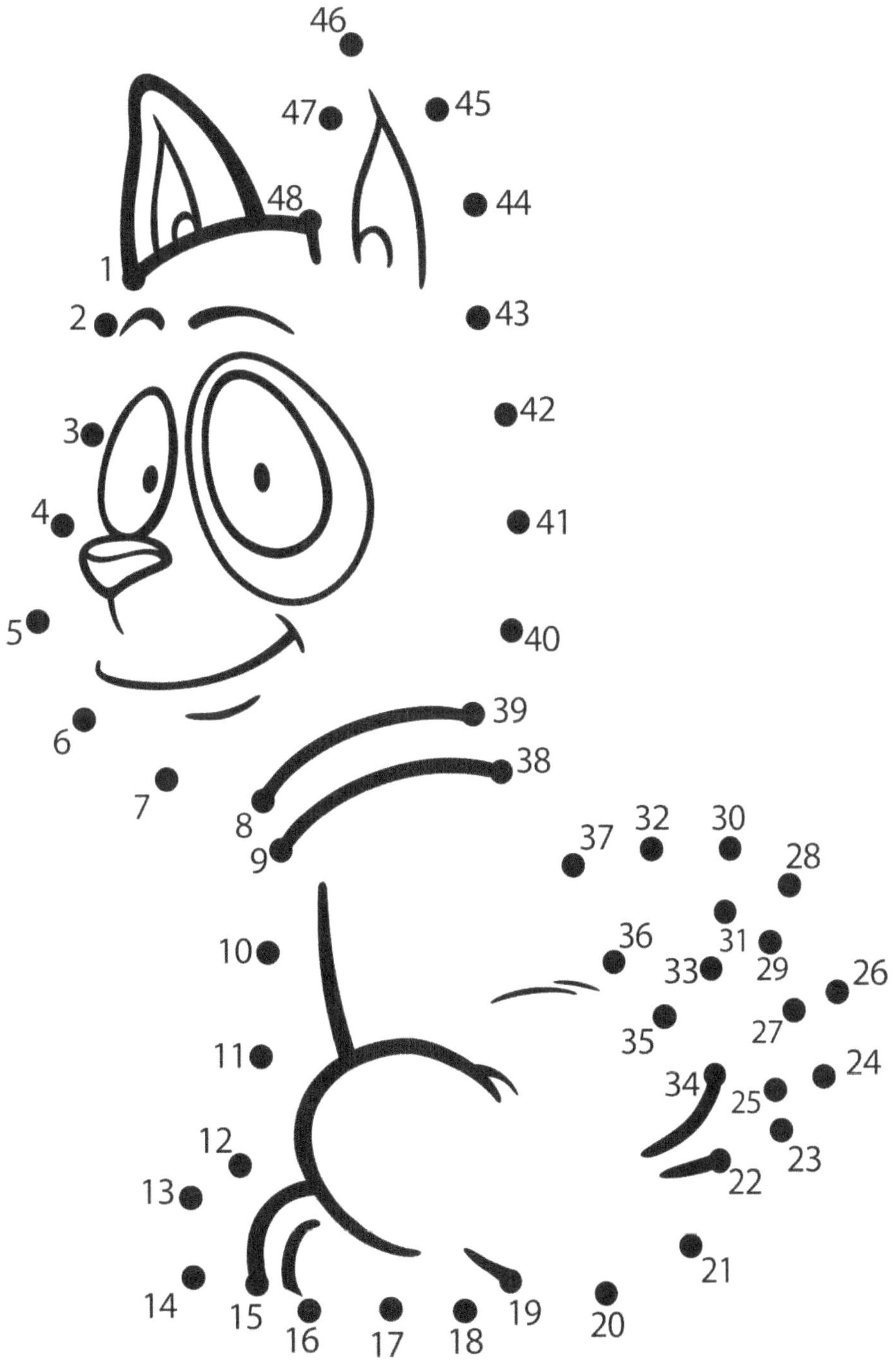

UNISCI 49 PUNTINI

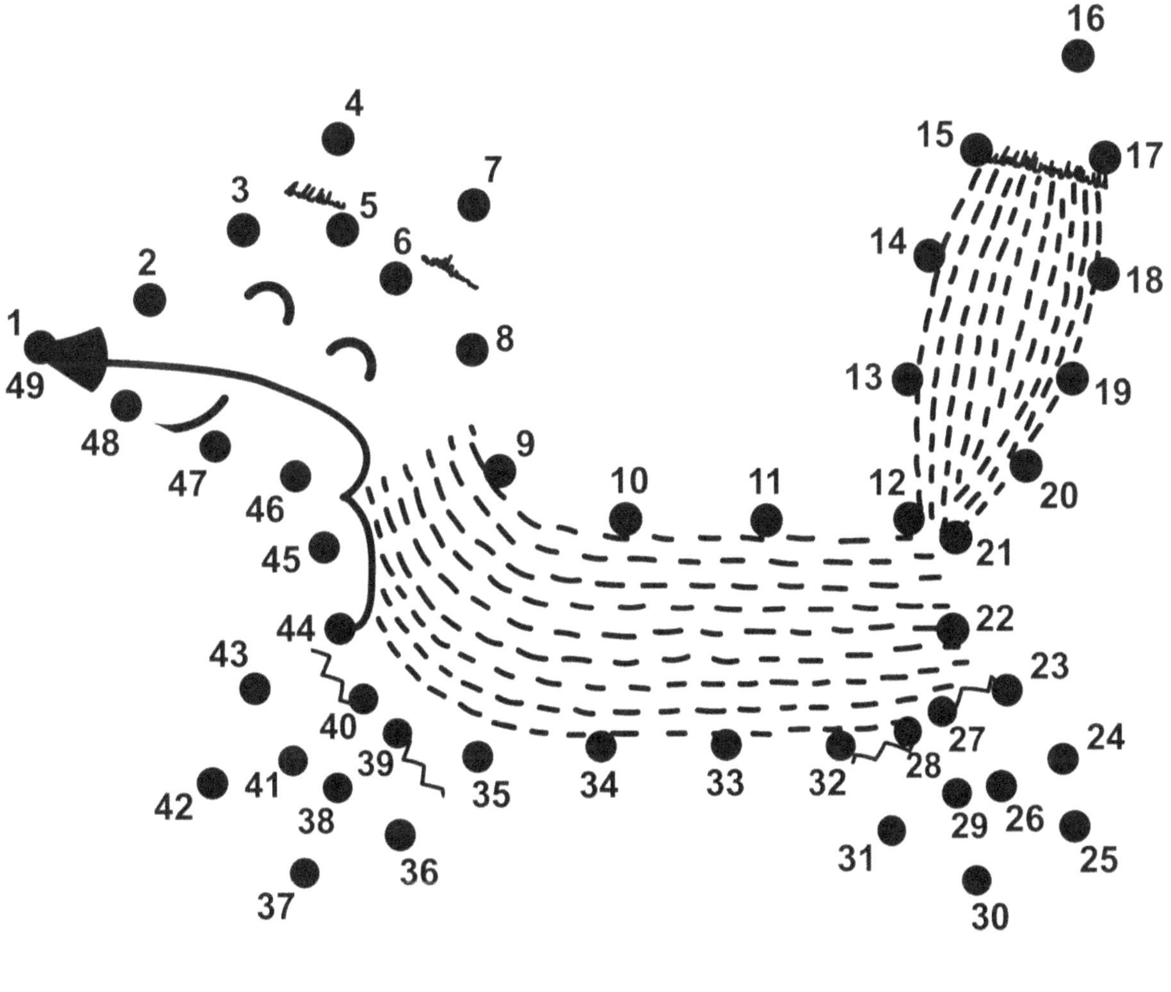

# UNISCI 51 PUNTINI

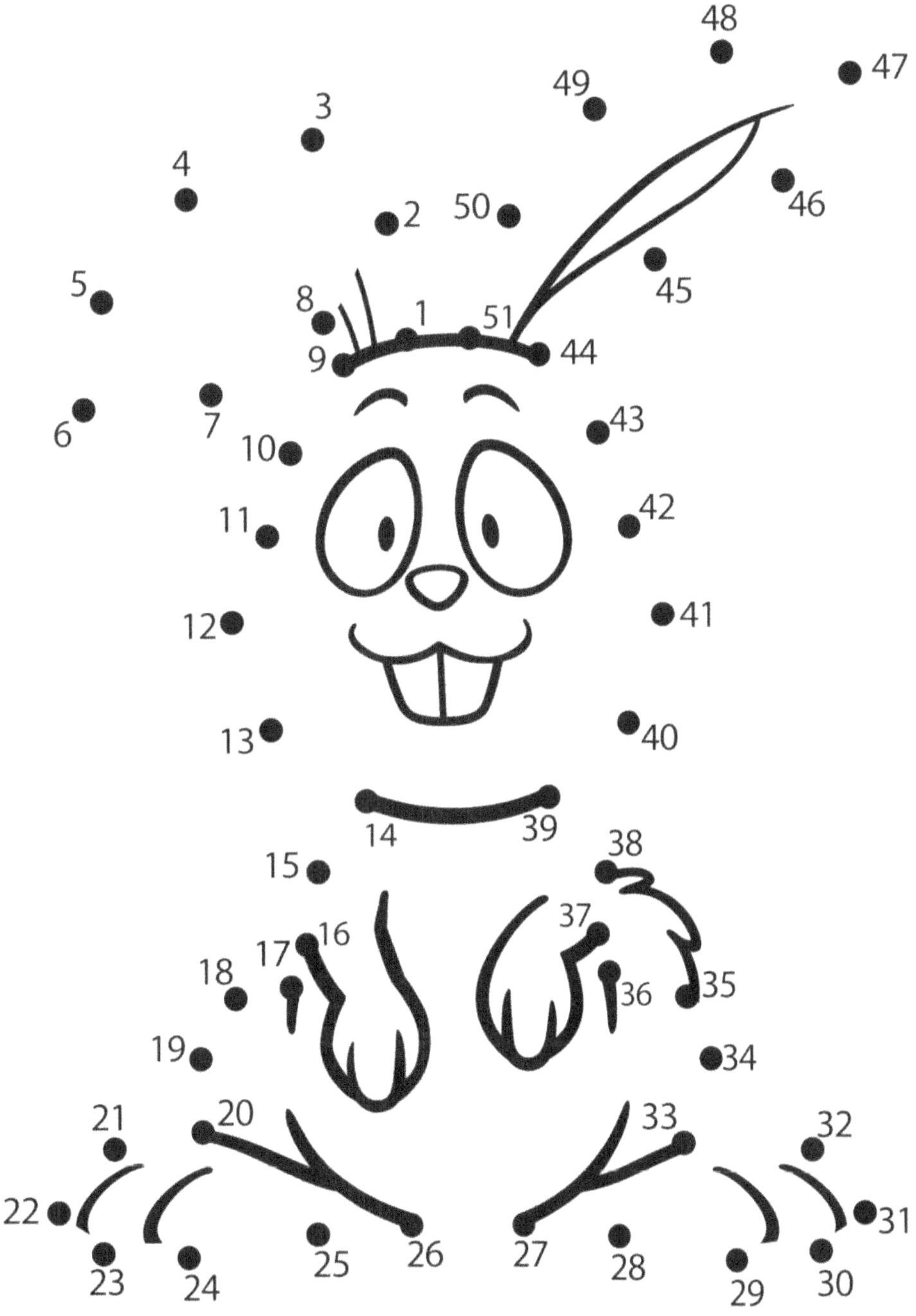

# UNISCI 51 PUNTINI

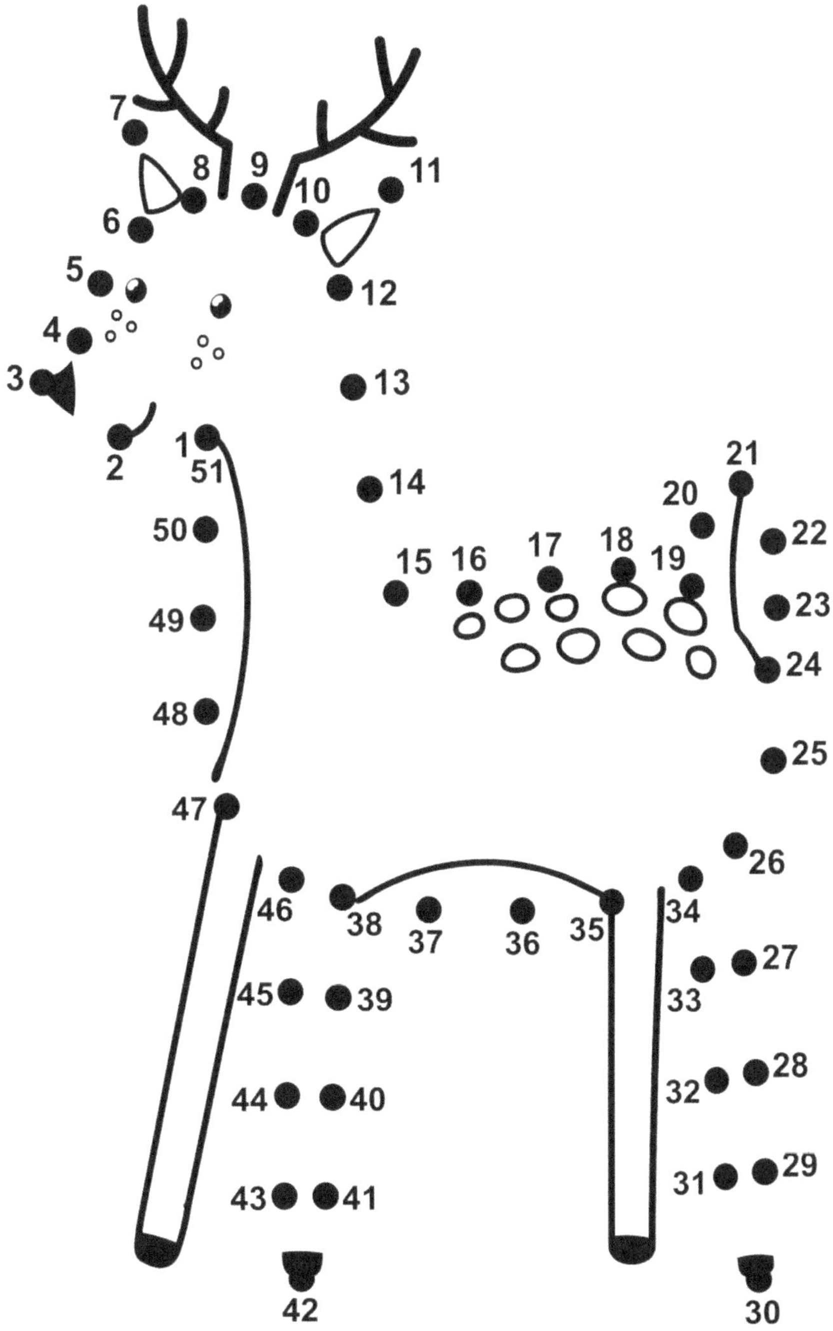

 # UNISCI 54 PUNTINI 

# UNISCI 54 PUNTINI 

# UNISCI 56 PUNTINI

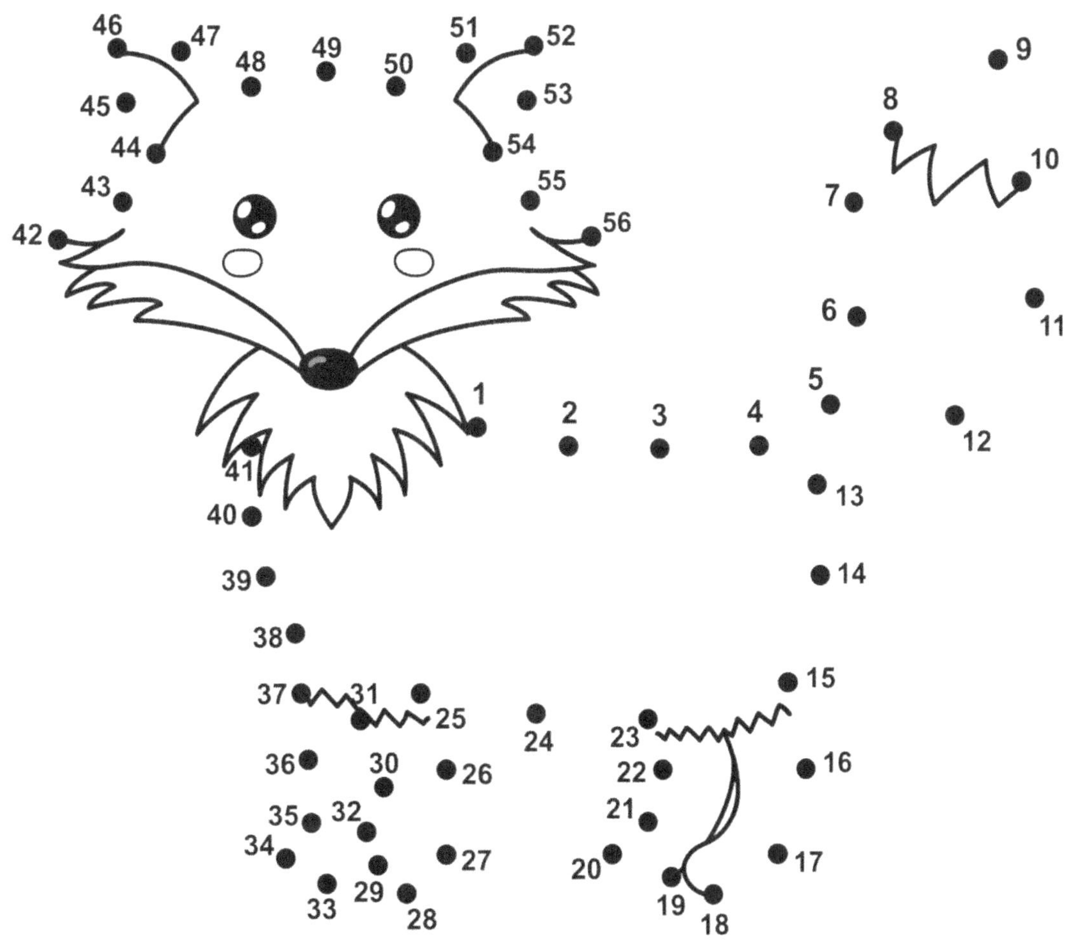

# UNISCI 56 PUNTINI

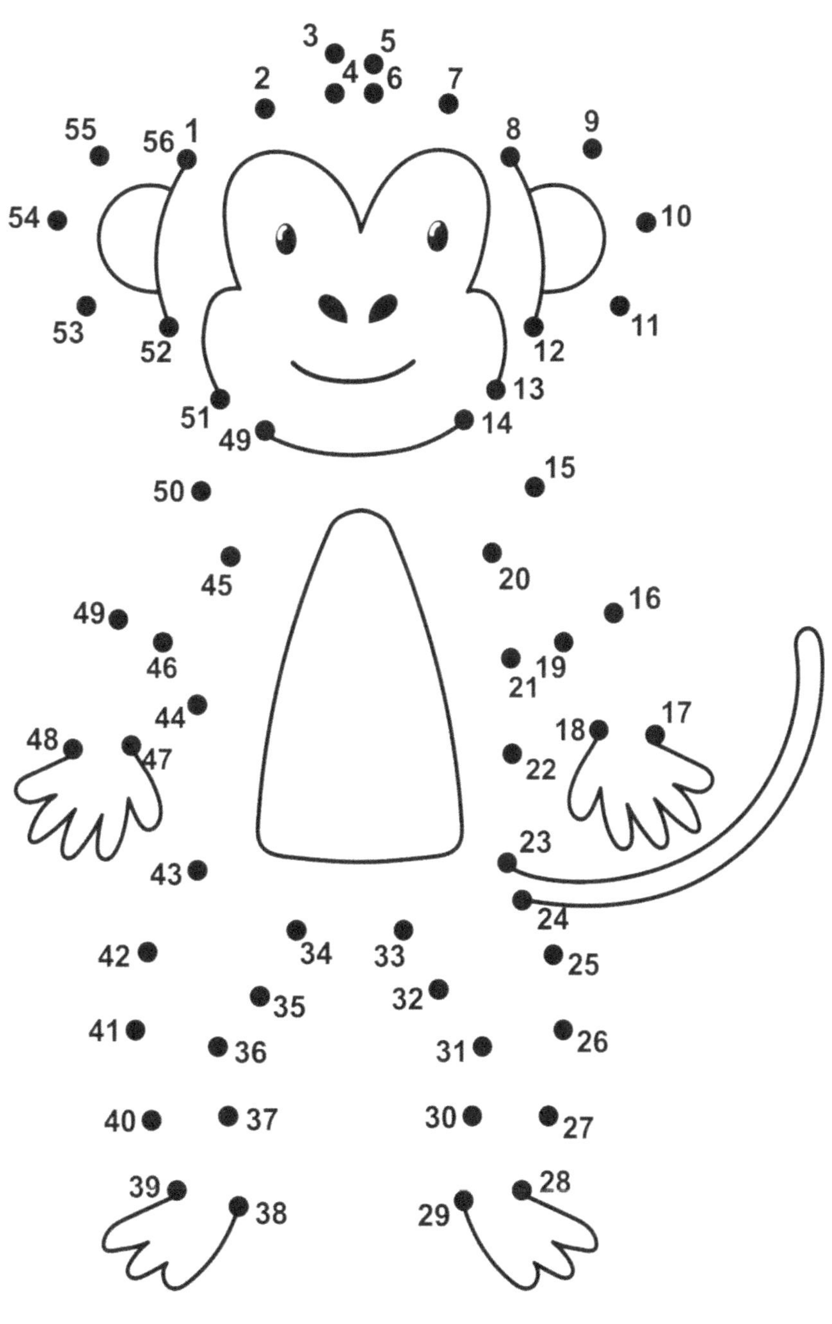

# UNISCI 57 PUNTINI

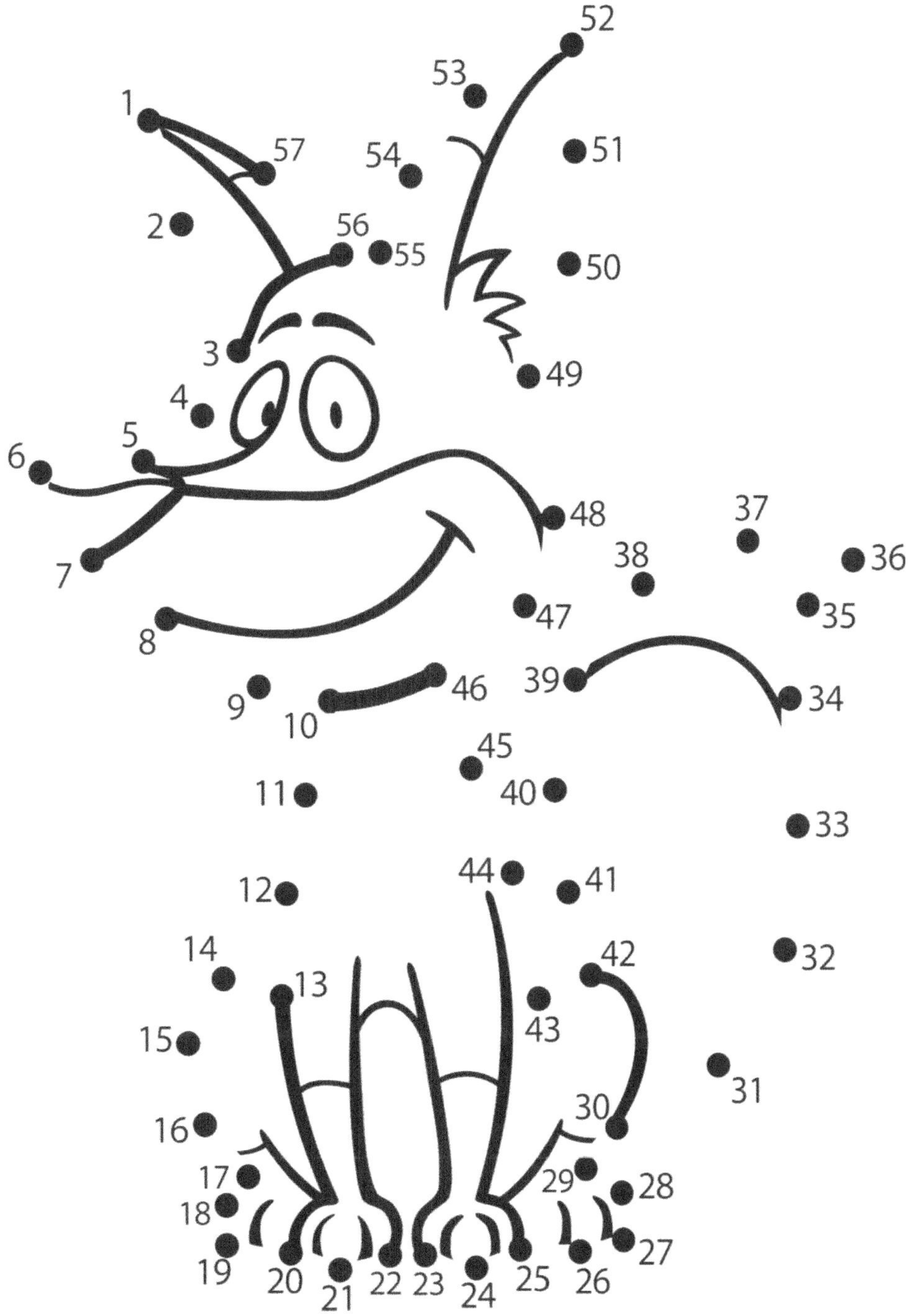

 # UNISCI 60 PUNTINI 

# UNISCI 69 PUNTINI

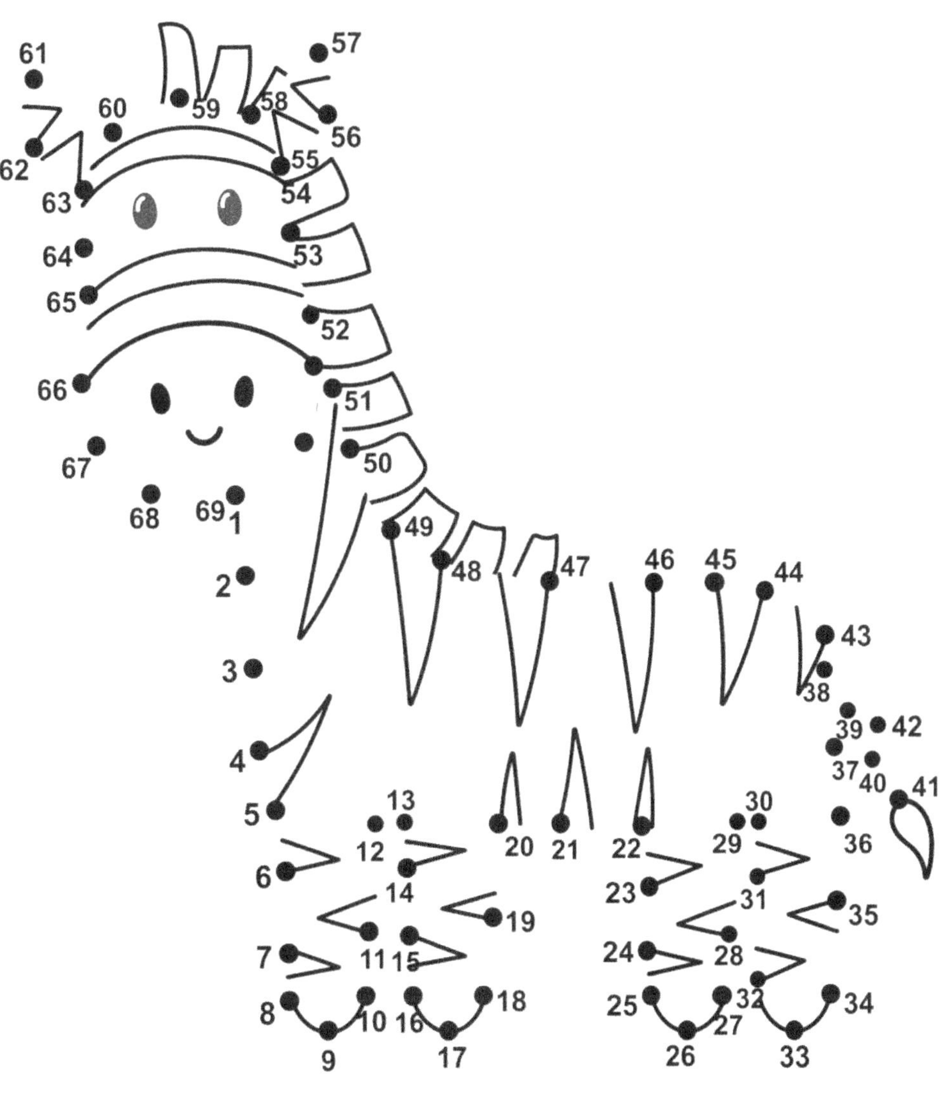

# UNISCI 70 PUNTINI

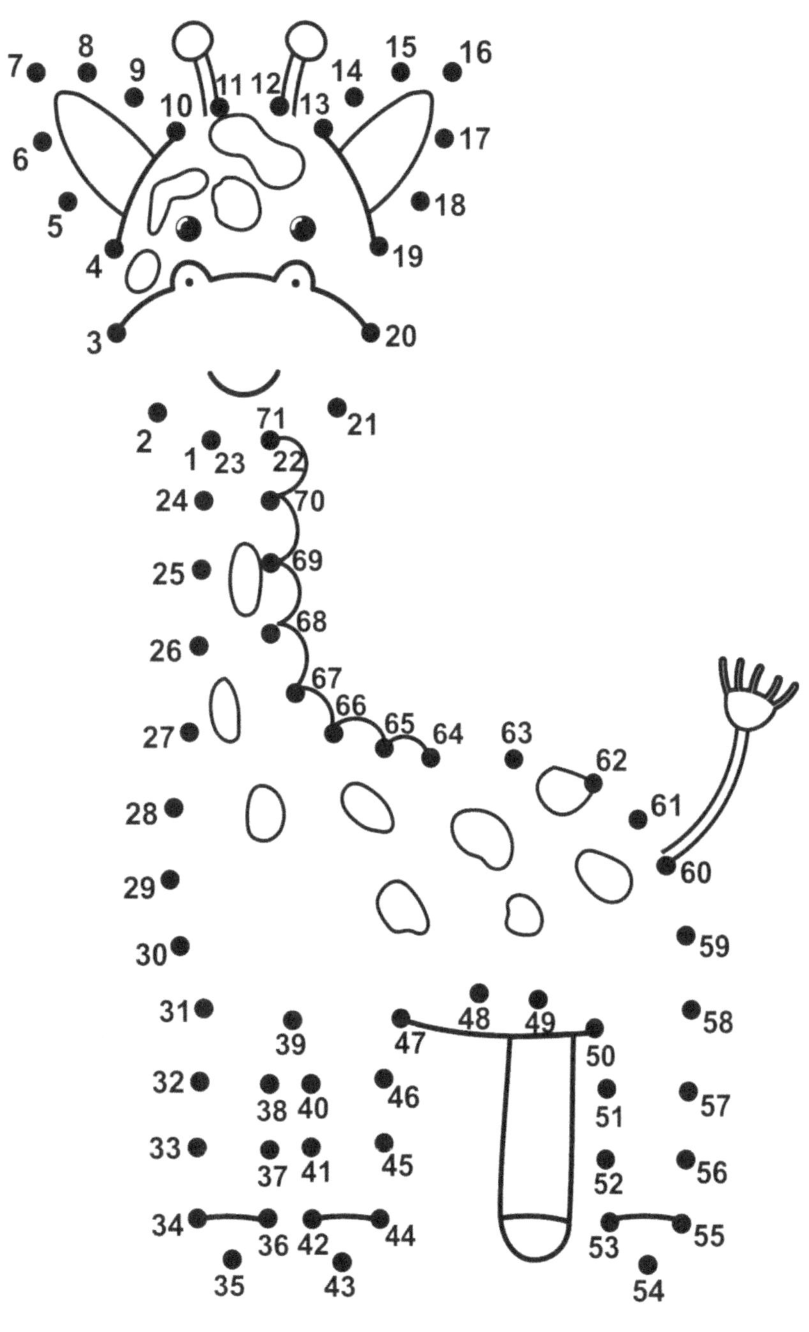

# UNISCI 83 PUNTINI

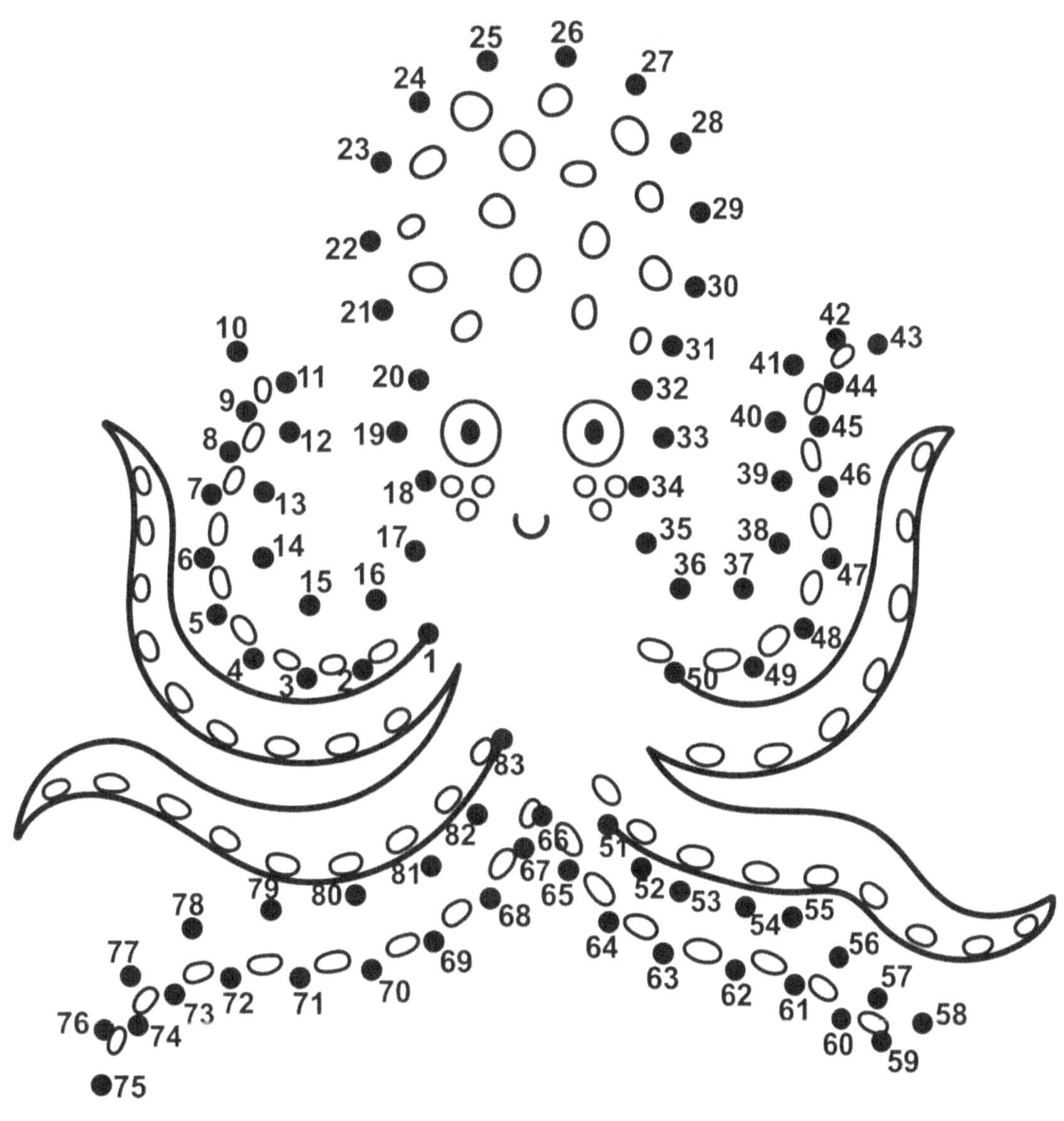